UTE KEIL

# Das Gold der Massagehände

novum pro

www.novumverlag.com

Bibliografische Information
der Deutschen Nationalbibliothek:

Die Deutsche Nationalbibliothek
verzeichnet diese Publikation in
der Deutschen Nationalbibliografie.
Detaillierte bibliografische Daten
sind im Internet über
http://www.d-nb.de abrufbar.

Alle Rechte der Verbreitung,
auch durch Film, Funk und Fernsehen,
fotomechanische Wiedergabe,
Tonträger, elektronische Datenträger
und auszugsweisen Nachdruck,
sind vorbehalten.

© 2018 novum Verlag

ISBN 978-3-99048-004-5
Lektorat: Stine Berg
Umschlagfoto:
Syda Productions | Dreamstime.com
Umschlaggestaltung, Layout & Satz:
novum Verlag
Innenabbildungen: Ute Keil

Gedruckt in der Europäischen Union
auf umweltfreundlichem, chlor- und
säurefrei gebleichtem Papier.

**www.novumverlag.com**

## Vorwort

Der Gedanke, ein Buch über meine Tätigkeiten als Masseurin im medizinischen und im Wellnessbereich zu schreiben, beschäftigt mich nun schon seit einigen Jahren.

2008 habe ich dann angefangen, Bilder für das Buch zu zeichnen und nach weiteren sieben Jahren beginne ich mit dem Schreiben.

Auch mein Beruf als Masseurin begann mit einem Gedanken, der in meinem Kopf bereits mit 14 kreiste. Vielleicht war der Wunsch nach dieser Tätigkeit schon immer in mir, nur ab dann beschloss ich den Beruf auch zu erlernen.

Nun übe ich den Beruf der Massage bereits seit 40 Jahren aus und immer noch ist er für mich Liebe und Erfüllung zugleich:

In Liebe, in einen Körper zu tauchen, um ihm die Erfüllung der Gesundheit und des Wohlgefühls nach der Massage zu schenken.

Viele Menschen habe ich auf diesem Wege behandelt, weil sie entweder gesund werden wollten oder weil andere für sich

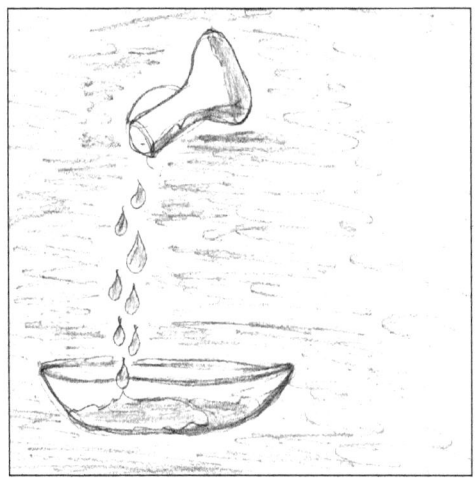

einfach erkannt haben, dass Massage sie auf ihrem Weg zur Entspannung und zur Selbstfindung ein Stück unterstützen kann.

Dafür danke ich allen Menschen, durch die ich diese Erfahrungen machen durfte und nun für alle in diesem Buch zur Verfügung stellen kann.

Auf diesem Wege möchte ich Ihnen verschiedene Arten der Massage sowie die dazugehörigen Begriffe und die verwendeten Öle vorstellen.

Auch führe ich Sie sehr gerne in meine Massagetechniken ein, damit auch ihre Hände zu Massagehänden werden.

So können Sie zu Hause diese Massagen auch ohne fremde Hilfe durchführen, ob für sich selbst oder an Ihrem Partner.

## Zunächst lassen sich verschiedene Massagearten unterscheiden

Die klassische Massage gibt es als Teilmassage oder als Ganzkörpermassage.

Unter einer Teilmassage versteht man die Behandlung nur eines Teils des Körpers, entweder massiert man den Rücken oder das Bein. Manchmal können auch zwei Körperteile bei einer Massageanwendung kombiniert werden, wie z. B. eine Bein- und Armmassage.

Mit einer Ganzkörpermassage ist immer der gesamte Körper gemeint. Angefangen wird meist mit dem Rücken, der Beinrückseite, dem Bauch, dann kommen die Brust, die Arme und Hände, die Beinvorderseite und Füße und zum Schluss das Gesicht.

Bei einer erotischen Massage ist der Intimbereich mit eingeschlossen, sowie bei einer Tantramassage.

Die klassische Massage gehört zu den gängigen Massagearten, die angeboten werden.
Sie beinhaltet eine kräftige Massage, die Verspannungen mildert.
Um an diese tiefer liegenden Verspannungen zu kommen, sollte sie punktuell durchgeführt werden.
Selbstverständlich enthält eine klassische Massage auch Streichungen, um den Muskel aufzuwärmen und um ihn nach einer punktuellen Behandlung wieder zu besänftigen.
Eine klassische Massage kann entweder privat als Wellnessmassage gebucht oder auch von einem Arzt verordnet werden.
Dazu muss jedoch ein entsprechendes Krankheitsbild vorliegen, das es mit der Massage zu behandeln gilt.
Deswegen erscheint es an der Stelle auch sinnvoll, gleich den Unterschied zwischen einer medizinisch verordneten klassischen Massage und der klassischen Massage als Wellnessmassage zu erklären.

Einer medizinisch verordneten klassischen Massage geht immer ein Krankheitsbild voraus.
Diese wird allerdings nur als Teilbehandlung verordnet. Wenn Sie beispielsweise einen steifen Nacken haben, kann in dieser Verordnung je nach Ermessen des Arztes eine Teilmassage für den Hals-Wirbel-Säulen-Bereich, kurz HWS, ausgestellt werden.

Eine klassische Massage als Wellnessmassage dient der Erhaltung der Gesundheit, die ohne ein Krankheitsbild in Anspruch genommen wird, da die Menschen normalerweise ohne Beschwerden zur Massage kommen und diese rein vorbeugender Natur ist.

# Aromaölmassage

Diese Massageart ist eine reine Wellnessmassage mit einem Aromaöl, das Ihren Sinnen entspricht.

Ob Zitrone, Lavendel, Rose, Perlmutt, Magnolie, Zedernholz oder andere Düfte: Wählen Sie die Massagedüfte, die Sie sinnlich ansprechen!

Die Aromaölmassage wird flächig und mit wenig Druck ausgeübt, da hier sehr viel Öl verwendet wird.

Auch hier sollte auf die rein biologische Herstellung geachtet werden, um dem Körper die größtmögliche Aufnahme der Öle zu gewährleisten. Diese Massageöle sind sehr hochwertig und geben dem Körper die notwendige Heilung, die er in diesem Moment braucht.

Rosenduft verleiht der Massage einen feinen, gleichsam entspannenden und wohligen Charakter.

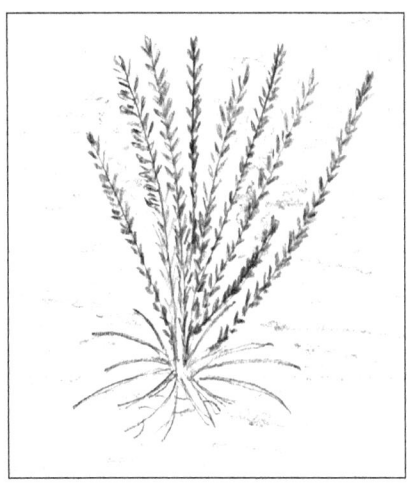

Der Lavendel, mit seinem sommerlichen kräftigen Duft, verleiht einer Massage eine entspannende und beruhigende Wirkung.

Eine Sanddorn-Aromaölmassage ist durch die gelbe Farbe nicht nur eine optisch ansprechende, sondern eine hautpflegende noch dazu, da Sanddorn reich an Vitamin E ist.

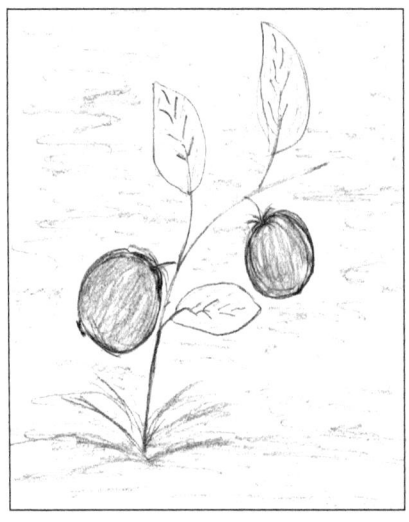

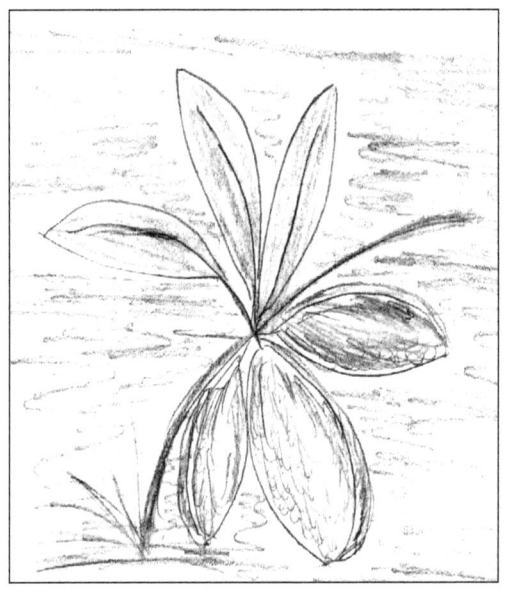

Die Massage mit einem Orangenöl wirkt sich auf die Stimmung harmonisierend und belebend aus, wobei eine solche Massage auch Ängste abbauen und Depressionen ausgleichen kann.

Gerne wird die Orange auch mit Zimt, Zitrone, Gewürznelken, Weihrauch, Thymianöl oder anderen Aromen verwendet. Probieren Sie einfach aus, welche Kombination ihrem Naturell und ihrer momentanen Verfassung gerade guttut! Achten Sie dabei aber immer auf die Herstellung, indem Sie nur rein biologische Öle für ihre Massage einsetzen. Nehmen Sie sich Zeit für die Auswahl!

Das Mandelöl wird grundsätzlich als Basisöl verwendet, das die Grundlage für Cremes und andere Ölzubereitungen ist. Eine Massage mit einem Mandelöl ist mildernd und pflegend zugleich, es enthält viele Vitamine wie A, B1, B2, B5 und B6 sowie viele Mineralien.
    Heutzutage ist das Mandelöl auch die Grundlage für die klassische Massage.

Eine Massage mit Jojobaöl ist eine sehr angenehme, entzündungshemmende und pflegende Massage. Die Indianer bezeichneten das Öl einst als flüssiges Gold. So mag ich es auch gerne benennen, denn die gesamte Massagezeit empfand ich das goldene Öl in meinen Händen als angenehm haftendes Massageöl, welches dem Körper ein warmes Gefühl gibt.

# Hot-Stone-Massage (heiße Steine)

Für eine Hot-Stone-Massage werden heiße Lavasteine verwendet, die Steine haben die Eigenschaft die Wärme zu speichern und sind porenfrei. Dadurch ist eine Reinigung der Steine nach der Massage problemlos möglich.

Vor einer Hot-Stone-Massage führe ich sehr gerne eine klassische Massage durch, um die Muskeln darauf vorzubereiten und mög-

*Hot-Stone/Steine mit Magnolienblüte*

liche Verspannungen im Körper aufzuspüren. Somit bereite ich den Körper und die Muskeln darauf vor, sich während der Hot-Stone-Behandlung vollständig zu lockern.

Allerdings sollten die Steine, um sie auf dem Körper liegen zu lassen, eine entsprechende Handwärme haben, sonst entstehen Verbrennungen.

Das passende Massageöl ist das Mandelöl.

Eine Anwendung mit heißen Steinen wird entweder bei starken Verspannungen im Schulter-Nacken-Bereich eingesetzt oder aber auch bei der Ganzkörpermassage.

# Fußreflexzonenmassage

Dieser Massage sollte ein Fußbad vorausgehen, um die Füße zunächst zu reinigen und darauf vorzubereiten.

Mit einer Fußreflexzonenmassage geht man auf die inneren Organe sowie auf die einzelnen Körperzonen ein, da die Füße mit unserem gesamten Körper verbunden sind und die Körperzonen durch gezieltes Massieren positiv beeinflusst werden können. Diese folgen nicht einfach nur den Nervenbahnen, sondern auch den peripheren Nerven der Haut und den Meridianen, die durch verschiedene Reize stimuliert werden.

Allerdings sollten Schwangere von einer Fußreflexzonenmassage Abstand nehmen, da auch das Kind und die Geburt dadurch beeinflusst wird.

# Gesichts- und Kopfmassage

Eine Gesichts- und Kopfmassage ist bei einer Ganzkörpermassage für mich ein Muss, denn auch hier kann man über die Haare die schlechte Energie ableiten.

Auch das Gesicht und der Kopf haben viele Muskeln, die wir täglich benötigen und verspannt sein können, ohne dass wir es oftmals überhaupt merken. Manches Mal äußert sich dies dann doch in anhaltenden Kopfschmerzen oder anderen Beschwerden.

Eine Kopf- und Gesichtsmassage wird mit kreisenden Bewegungen oder auch mit leichterem Druck der Daumen ausgeführt, um die tieferen Verspannungen zu lösen. Die Haare werden vom Haaransatz zwischen zwei Fingern nach außen gestrichen, womit sich für den gesamten Kopfbereich ein erleichterndes Gefühl einstellt.

Aber auch der gesamte Körper profitiert davon, weil die schlechte Energie, die sich im Körper angestaut hat, nun wieder ins Fließen gebracht und abgeleitet wird.

## Ayurvedamassage

Wollen Sie ihrem Körper ein Gefühl der Entschlackung oder einfach einmal etwas Besonderes bieten? Das leistet eine Ayurvedamassage.
In der ayurvedischen Lehre bilden Körper, Geist, Seele und Sinne eine Einheit.
Nur wenn diese aus dem Gleichgewicht sind, gibt es Fehler im System und somit entstehen Krankheiten. Auch die Zuordnung der fünf Elemente Erde, Luft, Wasser, Äther und Feuer gehört zur ayurvedischen Lehre dazu.

So sollte auch das Massageöl mit Bedacht ausgewählt werden, denn für jeden Typ gibt es ein anderes Massageöl. Allerdings gibt es in der Herstellung nun auch ein Öl für alle Typen, das viele wertvolle Kräuter enthält.
Selbstverständlich ist durch die vielen Kräuter der Geruch zwar etwas intensiver, allerdings ist es das beste Öl für eine Ayurveda-Anwendung. Als Masseurin habe ich mich mit dem Kunden wie mit einem magischen Heftpflaster verbunden gefühlt.

Durch diese spürbare, aber unsichtbare Verbindung hat meine Arbeit zur Entschlackung des Körpers einen wesentlichen Beitrag geleistet.
Das Öl erreicht die tiefen Schichten des Körpers und die Gelenke und wirkt dadurch entschlackend auf die dortigen Ablagerungen. Bevorzugt wird diese Massage als Ganzkörpermassage angeboten, was für den gesamten Entschlackungsprozess im Körper dienlich ist.
Einer Ayurvedamassage geht meist eine Kopfmassage voraus, auf die dann die Abhyanga folgt, die am häufigsten angewendete Form aller Ayurvedamassagen.

## Thailändische Massage

Ich mag die Thaimassage, wenn sie richtig und gut gemacht ist und von tatsächlich geschulten Therapeuten ausgeführt wird, denn genauso wenig wie im Wellnessbereich genügt auch hier keine eintägige Ausbildung. Auch Masseurinnen können aus Thailand ihre Tätigkeit mit Herz und Liebe durchführen, allerdings sollte auch immer zusätzlich eine Ausbildung absolviert werden, um das Handwerk zu perfektionieren.

Eine richtige Thaimassage findet in Baumwollkleidung statt, sie wird mit Dehnungen, Druck und kraftvollem Körpereinsatz am Kunden ausgeübt. Sie dauert zumeist zwischen zwei und zweieinhalb Stunden. Auch ich habe mich danach irgendwie anders, einfach ein bisschen leichter, beweglicher und fitter gefühlt.

Immer häufiger suchen auch wir im Westen asiatische Länder auf, um uns dort durch andere Heilmethoden kostengünstig heilen und regenerieren zu lassen.

Was ich persönlich sehr schade finde, da es in unserem Land sehr viele tolle Möglichkeiten gibt, gesund und fit bis ins hohe Alter zu bleiben.

## Bürstenmassage

Diese Form der Massage können Sie auch selbst zu Hause durchführen. Nehmen Sie sich dazu eine Rosshaar- oder Saunabürste oder einen Lufa-Handschuh, die alle in einer Drogerie problemlos erhältlich sind.

Die Haut bleibt bei dieser Massage trocken und Sie fangen an der körperentferntesten Stelle an. Das heißt rechter oder linker Fuß, kreisend gehen Sie dann mit der Bürste am Fußrücken entlang und versuchen so kräftig wie möglich zu bürsten.

Dann gehen Sie mit der Bürste weiter an der Beinaußenseite und Beininnenseite sowie an der Rückseite entlang bis hoch zum Hüftgelenk, hier bürsten Sie das Gesäß ordentlich mit.

Sind Sie mit der einen Seite fertig, kommt die gleiche Reihenfolge auf der anderen Seite bis zur Hüfte und dem Gesäß.

Auch die empfindlicheren Zonen wie Bauch und Brust werden einbezogen, nur die Brustwarzen bleiben ausgespart, dann folgt noch der linke und rechte Arm einschließlich der Hände.

Nach dieser intensiven Bürstenmassage duschen Sie sich ab und ölen sich danach mit einem reichhaltigen Mandel- oder Jojobaöl ein. Eine schöne weiche Haut wird das Ergebnis sein, es würde mich freuen, wenn Sie dies mal erleben und spüren können.

Die Bürstenmassage ist genial für die Durchblutung und entfernt gleichzeitig alte Hautzellen. Um die Haut zu schonen, sollte sie nicht mehr als 2-mal wöchentlich durchgeführt werden.

# Heiße Rolle

Wenn Sie sich leicht verspannt fühlen oder vom Sport einen Muskelkater haben, dann eignet sich idealerweise die heiße Rolle für zu Hause. Hier habe ich eine kleine Anleitung mit den notwendigen Materialien für Sie zusammengestellt:

» 2 kleine Handtücher 50 cm x 1 m
» heißes Wasser (Leitungswasser genügt)

Sie nehmen zwei kleine Handtücher (50 cm x 1 m) und legen diese der Länge nach einmal zusammen.

Dann nehmen Sie ein schmales Ende und rollen das schmale Ende mit festem Zug zum anderen Ende zusammen.

Nun nehmen Sie das zweite Handtuch und legen es ebenfalls der Länge nach zur Hälfte zusammen, legen es mit einem schmalen Ende dicht an die bereits fertige Handtuchrolle und rollen nun fest die bereits fertige Handtuchrolle in das zweite Handtuch ein.

Nun stellen Sie die fertige Rolle senkrecht, sodass die Schneckenform unter dem Wasserhahn steht. Dann lassen Sie so lange heißes Wasser in den inneren Trichter der Schneckenform laufen, bis das Wasser nach außen dringt und die Feuchtigkeit auch am äußeren Handtuch zu sehen ist. Dann können Sie mit dem Befeuchten aufhören, jetzt können Sie die Rolle ein wenig auswringen.

Jetzt nehmen Sie die Handtuchrolle an der Seite in die Hand und fangen mit leichtem Tupfen an ihrer schmerzenden Stelle an. Dabei rollen Sie langsam die Rolle von außen nach innen wieder ab und betupfen immer wieder die schmerzende Stelle mit den warmen Handtüchern.

Dies wiederholen Sie so lange, bis die Rolle wieder vollständig abgerollt ist. Nun können Sie noch die Restwärme nutzen und die warmen Handtücher über die schmerzende Stelle legen. Um die Wärme noch länger zu speichern, legen Sie noch ein trockenes Handtuch darüber.

Achtung, auch hier gilt, dass das Wasser zu Beginn keinesfalls zu heiß eingefüllt werden darf, da ansonsten die Gefahr von Verbrennungen besteht!

## Schokoladenmassage

Sie fühlen sich matt und leicht depressiv? Dann bewirkt diese Massage als Stimmungsaufheller für dunkle Tage wahre Wunder. Anfangs war auch ich eher skeptisch, aber heute weiß ich, welche erhebende Wirkung diese doch etwas aufwendige Massage hat.

Die Haut als größtes Sinnesorgan fühlt sich in Schokolade gehüllt wohl und wird mit dem nachfolgenden Rezept auch noch zusätzlich genährt. Für die Zubereitung des Peelings brauchen Sie ein wenig Zeit (45 Min.) und folgende Zutaten:

- » 3 EL gemahlenen Kaffee oder Meersalz
- » 100 g Bioschokolade Zartbitter
- » 2–3 EL Mandelöl
- » 1 kl. Topf
- » 1 kl. Schälchen

Vor einer „Schokoladenmassage" sollten Sie die Haut für die Aufnahme der Schokolade vorbereiten: Ein Peeling mit Kaffee oder Meersalz hilft, um die Poren zu reinigen.

Das Peeling rühren Sie mit etwas Mandelöl zu einem dicken Brei an. Mit diesem Peeling reiben Sie kräftig den gesamten Körper ein und spülen das Peeling danach wieder mit Wasser ab.

Dann nehmen Sie die Schokolade und etwa zwei bis drei Esslöffel vom Mandelöl.

Die Schokolade wird langsam im Wasserbad erwärmt. Dazu stellen Sie ein kleines Schälchen in den mit Wasser befüllten Topf und erhitzen das Wasser. Nun bröseln Sie die Schokolade in das Schälchen, damit sie schmelzen kann. Ist die Schokolade zerschmolzen, können Sie den Topf vom Herd nehmen und das Schälchen vorsichtig mit einem kleinen Tuch herausnehmen. Auch hier sollten Sie aufpassen, dass Sie sich nicht die Finger dabei verbrühen.

Jetzt können Sie das Mandelöl in die zerschmolzene Schokolade rühren und das Schälchen mit ins Bad nehmen.

Nun verteilen Sie die Schokolade mit ein wenig Druck auf dem gesamten Körper.

Lassen Sie die Schokolade etwas in die Haut einziehen, damit die Inhaltsstoffe der Schokolade von den Poren aufgenommen werden werden können. Hierzu gehören Proteine (Eiweiß), Kalium, Phosphor, Eisen, Magnesium, Natrium, Kupfer und Zink.

Wenn die Schokolade sich schon etwas angetrocknet anfühlt, dann spülen Sie diese mit lauwarmem Wasser unter der Dusche ab. Um die Schokolade vollständig zu entfernen, benötigen Sie möglicherweise einen Waschlappen.

Nach der Schokoladenmassage müssen Sie sich dann nur noch abtrocknen und – je nach Belieben – können Sie sich mit dem restlichen Mandelöl einölen. Sie werden mit einer weichen Haut belohnt!

## *Tantramassage*

Ich selbst übe eine Tantramassage nicht aus, ich weiß jedoch um deren Bedeutung und ihre Hintergründe.

An erster Stelle möchte ich darauf hinweisen, dass bei einer Tantramassage keine sexuellen Handlungen ausgeübt werden, wovon jedoch gerne ausgegangen wird, weil in unserer westlichen Kultur solche Berührungen eher ungewöhnlich sind, was dann mit sexuellen Praktiken verwechselt wird.

Eine Tantramassage ist eine heilende und körpernahe Massage, die jedoch jegliche Übergriffe des Massierenden oder des Kunden untersagt.

Wie so viele Massagepraktiken stammt diese gefühlsintensive Massage aus Indien, aus einem Land mit vielen Widersprüchen und auch vielen alten Traditionen, zu der auch die Tantramassage gehört.

Bei der Massage sind der Masseur oder die Masseurin sowie die Kunden nackt.

Zu dieser Massage gehören, wie ich bereits erwähnte, körpernahe Berührungen, um die aufgestaute Energie im Körper wieder fließen zu lassen und daraus resultierende Krankheiten oder Blockaden zu lösen.

## Statistik

Laut einer Statistik vom August 2014 haben über die Hälfte der Menschen noch keine Massagen erhalten, das möchte ich hiermit gerne verändern.

Eine Massage bringt weitaus mehr, als viele glauben: Sie ist weder oberflächlich, noch ist deren Wirkung kleinzureden oder auf ein Niveau abzuwerten, das diesen Heilmethoden nicht angemessen ist.

## Die Wirkung einer Massage!

Die durch Dehnung, Zug und Druckreize ausgeübten Techniken wirken über die Muskulatur auf das Bindegewebe, auf die Durchblutung, das Nervengewebe, auf das Lymphsystem, die Psyche und auf das Gleichgewicht im Körper sowie auf alle inneren Organe, die über die Muskulatur beeinflusst werden.

Bei Depressionen wirkt eine Massage beruhigend, gleichzeitig beeinflusst sie durch die Berührungen die eigene Körperwahrnehmung, sie wirkt bei Muskelkater und anderen Beschwerden. Für mich ist auch die Körperwahrnehmung entscheidend für das eigene Wohlbefinden, was in der heutigen Zeit schnell vergessen wird und als Wissen erst mühsam wieder erlernt werden muss: seinen eigenen Körper zu spüren, ihn zu sehen und wahrzunehmen.

Durch ein bewusstes langsames Berühren des gesamten Körpers nimmt man über die Hände jeden Körperteil, jede Unebenheit und Veränderung wahr. Aus diesen Gründen cremen wir uns auch gerne ein, denn letztendlich wird unter dem Vorwand „cremen" der eigene Körper berührt und gespürt, dadurch natürlich auch gepflegt. Die Massage ist ein „Glückshormon", sie macht einfach glücklich, zum Beispiel, wenn Partner zu zweit eine Paarmassage wählen, dann richtet man den Blick auf den anderen, man nimmt sich gegenseitig wahr und teilt etwas Vertrautes miteinander.

Möchte man das so nicht haben, beschenkt man sich selbst mit einer regelmäßigen Massage, auf die sich jeder einzelne schon lange vorher freuen kann.

Schon alleine diese Vorfreude macht glücklich und danach fühlt man sich auch noch entspannt.

Sie können sich auch gegenseitig zu Hause massieren, das macht nicht nur Spaß, sondern wirkt sich meist auch auf eine Beziehung belebend aus.

Mir ist bewusst, dass man als Laie auch Angst davor hat, etwas falsch zu machen oder nicht die richtige Technik anzuwenden. Um diese Scheu zu verlieren, gibt es auch Massagekurse, die ich auch selbst anbiete. Somit ist auch eine weitere Verbreitung der Massage möglich und viele Menschen kommen in den Genuss ihrer heilenden Wirkung.

Ende des 19. Jahrhunderts wurde die Massage auch in Deutschland populär, zu Beginn waren allerdings die Massagegriffe nur Ärzten oder Assistenzärzten vorbehalten. Das Bild hat sich komplett gewandelt, denn heute führen Massagen Masseure und Masseurinnen, Physiotherapeuten oder Wellnesstherapeuten durch.

## Meine eigene Massagetechnik!

Normalerweise verrät kein Bäcker sein bestes Kuchen- oder Brotteig-Rezept und keine Firma offenbart freiwillig interne Erfolgsgeheimnisse, die das Produkt einzigartig machen, wodurch es mit Erfolg verkauft wird.

Und genau hier sind wir an einem Punkt angelangt, der mir selbst nicht klar war: Weder wusste ich, was mit Erfolg gemeint war, noch konnte ich mit dem Begriff Geld im Zusammenhang mit meiner Arbeit etwas anfangen.

Ich habe die Massage als Handwerk erlernt und nach meinem besten Wissen und Gewissen zum Wohle des Patienten oder der Kunden ausgeübt. Hinzu kam noch die Liebe zu den Menschen und letztendlich zum Beruf.

Man kann lernen und sich Kenntnisse aneignen, man kann auch den Aspekt des Geld-Verdienens in den Vordergrund schieben. Alles schön und gut, doch wenn ich diesen Beruf am Menschen ohne Liebe, und ohne den selbstlosen Gedanken des Dienstes am anderen ausübe, wird es weder eine Massage, die dem Kunden oder Patienten hilft, noch macht sie mich glücklich.

Wie fing alles an? Als die Entscheidung der Berufswahl fallen sollte, war ich 14 Jahre jung und eigentlich, wenn ich dies aus heutiger Sicht betrachte, noch nicht fähig zu wissen, was mich da erwartet und was sich hinter diesem Beruf alles verbirgt.

Damals, das war 1974, habe ich mich bereits als Masseurin an zwei Schulen beworben, diese Ausbildungsstätten waren rar und deshalb überbelegt.

Aufgenommen wurde ich letztendlich an einer privaten Massageschule in Boppard am Rhein, die alles andere als locker und einfach war. Nach strengen Regeln lernte man dort, was einem jeglicher persönlichen Entwicklung beraubte. Sie verströmte Angst und vermittelte das ständige Gefühl des Scheiterns, wenn die vierteljährlichen Prüfungen nicht mit möglicher Bestnote bestanden wurden.

Nach bestandener Abschlussprüfung trat ich meine erste Arbeitsstelle als medizinische Masseurin in einer Praxis in Metzingen an, womit ich meine erste richtig nahe Begegnung mit dem Thema Massage am Patienten hatte. Heute werden bereits Praktika während der Ausbildung in Kliniken gemacht, was damals noch nicht üblich war.

Ich musste erst nach der Ausbildung lernen, die Rezepte von Ärzten zu lesen, keine Angst vor Bädern mit Strom zu haben, die sogenannten Stangerbäder. Und ich verstand erst danach, was es heißt, alleine zu arbeiten, ohne Fehler zu machen.

Da gab es noch viel mehr, was ich mir aneignete, doch nun möchte ich nach vielen Jahren der Erfahrung selbst in die Massage eintauchen.

Wie beginne ich eine Massage? Zuerst gehört, wie ich bereits erwähnt habe, die passende Einstellung dazu und das entsprechende Auftreten gegenüber dem Patienten oder Kunden, der in diesem Moment eine Massage zur Heilung für seinen Körper braucht.

Dabei ist egal, aus welchem Grund und mit welchem Krankheitsbild der- oder diejenige kommt. Vielleicht möchte jemand auch einfach nur vorbeugend etwas für sich tun oder um sich zu entspannen. Ob es ein Mann oder eine Frau ist, spielt normalerweise eine untergeordnete Rolle, allerdings ist es für die Massage angebracht, auf den einzelnen Menschentyp einzugehen, um sich auf den passenden Massagedruck einzustellen, denn dieser empfindet jeder, ob Patient oder Kunde, anders. Eigentlich sollte es auch egal sein, ob der Patient oder Kunde reinlich ist oder nicht, allerdings zeigt mir meine Erfahrung, dass die Massage einen besseren Erfolg erzielt, wenn der Patient oder Kunde reinlich und gepflegt ist.

Eine Massage kann auf einer Massagebank oder auf dem Boden ausgeübt werden, doch sollte bei Letzterem eine Gymnastikmatte mit einem Handtuch untergelegt werden.

Ein angenehmes Massageöl sollte jederzeit zur Hand sein. Wenn das nicht greifbar ist, reicht auch eine Creme oder ein Olivenöl aus der Küche.

Der Massageempfänger legt sich in Bauchlage, selbstverständlich sollte dieser zuvor die Kleidung abgelegt haben.

Ich nehme das Öl und gieße es zuerst auf meine Handinnenfläche, dann lasse ich das Öl langsam auf den unteren Rücken fließen und verteile das Massageöl mit beiden flachen Händen langsam, aber doch kraftvoll auf dem gesamten Rücken.

Fühlt sich das Öl in der Hand zu kalt an, dann sollte es vorher erwärmt werden, dadurch wird das Öl vom Körper besser aufgenommen.

Nun bereite ich mich durch das Verteilen des Massageöls auf den Körper vor. Ich spüre bereits die Energie des Körpers und die vorhandenen Verspannungen und Beschwerden.

Ich massiere immer mit der ganzen Hand, nur für punktuelle Behandlungen massiere ich mit den Fingerkuppen.

Vom Kreuzbein aus gleite ich mit beiden Händen nebeneinander nach oben, wobei die Fingerspitzen Richtung Wirbelsäule gerichtet sind. Ich fahre dann mit festem Druck auf den Fingerkuppen und den Handinnenflächen fort nach oben Richtung Halswirbelsäule.

Ich beginne nochmals von unten mit der auf dem Kreuzbein liegenden Handfläche der rechten Hand. Sie reibt mit festem Druck auf dem Kreuzbein. Nun werden wieder beide Handflächen flach auf den Rücken nebeneinander gelegt. Nach oben und mit Druck auf den Fingerkuppen gleiten die Fingerspitzen auf der gegenüberliegenden Wirbelsäulenseite und den Handinnenflächen in Richtung Halswirbelsäule.

Bei den Massagen beachte ich immer den Verlauf der Muskulatur und der Sehnen sowie die Lymphgefäße, Venen und Nervenbahnen, um die Massagewirkung zu verdoppeln.

Nun nehme ich beide Hände und massiere immer im Wechsel an der einen Körperseite von unten nach oben, wechsle dann die Seite und massiere auch im Wechsel der Hände die gegenüberliegende Rückenseite großflächig, aber immer mit Druck.

Trotzdem sollte behutsam mit den inneren Organen umgegangen werden, sprich Nieren, Lungen und Zwerchfell.

Nun führe ich diese großflächige Reibung über den gesamten Rücken aus, die immer von unten nach oben verläuft und im Wechsel der Hände mit Druck stattfindet.

Danach beginne ich an der oberen Gesäßhälfte mit Knetungen beider Hände, dann mit beschwerter Hand. Hierfür lege ich eine Hand über die andere, die dann mit Druck auf den Fingerkuppen vom Kreuzbein aus nach außen geführt wird. Das wird ein- bis zweimal wiederholt. Ich wechsle zur andern Seite und führe dasselbe an der anderen Gesäßhälfte durch.

Zur Abwechslung nehme ich den Daumen und führe diesen mit etwas Druck vom Kreuzbein aus entlang der Wirbelsäule in Richtung Halswirbelsäule, auch das wiederhole ich noch ein- bis zweimal auf der einen Seite und dann auf der gegenüberliegenden Seite.

Um die Muskulatur aufzulockern, führe ich nun großflächige Streichungen mit beiden Händen und mit Druck auf dem gesamten Rücken durch. Ich achte auch hier immer auf alle Muskeln und Gefäße, um auf die Heilung des Körpers Einfluss zu nehmen.

Nur durch diese Konzentration ist es möglich, dem Körper und dem Menschen zu helfen, selbstverständlich auch durch das Lösen der Druckpunkte während der Massage.

Wir legen beispielsweise intuitiv die Hand auf eine Wunde, die uns schmerzt, oder heilen uns durch kurzes Reiben, aus diesen Gründen zählt die Massage auch als älteste Heilkunst.

Nun stelle ich mich oben an das Kopfende und lege beide Unterarme links und rechts an den Nacken, führe diese in Richtung Kreuzbein, mit leichtem Druck und links und rechts von der Wirbelsäule.

Dann streiche ich mit den Unterarmen links und rechts nach außen, nun öffne ich meine Finger und streiche druckvoll mit beiden Händen und Unterarmen wieder nach oben.

Jetzt nehme ich beide Daumen und massiere im Wechsel mit Druck am Nackenrand erst links mit beiden Daumen und dann rechts.

Nach diesem Daumenwechsel folgt der Handballen, der mit Druck jeweils auf seiner Seite bleibt, das heißt der linke Handballen bearbeitet den linken Nackenrand und der rechte Handballen den rechten Nackenrand.

Dort übe ich nur leichten flächigen Druck aus und löse den Druck immer wieder.

An eines sollten Sie denken, wenn Sie die Massage an Ihrem Partner oder einer anderen Person ausführen:

„Der Massagedruck" sollten für den Massageempfänger während einer Massage so angenehm wie möglich (und nur so viel wie notwendig) sein!

Als Laie dürfen Sie die Massage auch beenden, wenn Sie sich unsicher fühlen oder Beschwerden mehr werden! Dann suchen Sie bitte einen Arzt auf, um abzuklären, woran dies liegt und ob Sie auch professionelle Massagen in Anspruch nehmen sollten.

Nachdem ich nun mit den Handballen den Massagedruck so halte, dass ein flächiger Druck entsteht, nehme ich beide Daumen und führe diese langsam links und rechts neben der Wirbelsäule, in leichten Kreisen und mit Druck nach unten in Richtung Kreuzbein.

Nun öffne ich, wenn ich unten am Kreuzbein angekommen bin, meine Hände und führe mit beiden Händen jeweils links und rechts mit Druck nach außen eine flächige Streichung aus.

Dann ziehe ich die Bewegung mit beiden Händen nach oben, die Finger sind dabei leicht geöffnet. Wenn ich oben an den Schultern angekommen bin, schließe ich die Finger und führe eine Streichbewegung in Richtung Nackenrand und Haaransatz durch, jeweils links und rechts der Wirbelsäule.

Nun massiere ich den Nacken mit den Handballen nach unten und streiche mit der gesamten Hand am Schultergelenk entlang, jeweils wieder links und rechts herunter in die Richtung der Arme und Hände.

Es stellt sich dadurch ein angenehmes und auch wohliges Gefühl während dieser Rückenmassage ein. Mit diesem Ausstreichen gelingt es mir, die gesamte negative Energie vom Körper zu entfernen, womit sich der Körper dann nicht länger beschäftigen muss!

Eine Massage soll immer dem zu Massierenden ein gutes Gefühl geben, nur so ist eine optimale Heilung des Körpers möglich.

Bei eigener Unsicherheit sollte man auch gerne einmal den Massageempfänger fragen, ob es für ihn so angenehm ist oder ob ihn irgendetwas stört.

Falls Sie Therapeut sind, sollte diese Frage ebenfalls gestellt werden, nur sind Sie in diesem Fall derjenige, der dem Kunden oder Patienten sagt, was für ihn richtig oder auch falsch ist.

Am Haaransatz und auf den Nacken lege ich nun jeweils links und rechts meine geschlossenen Hände mit ausgestreckten Fingern an und massiere hier mit Druck und kleinen Kreisbewegungen von innen nach außen zu den Ohren.

Dies wiederhole ich zwei- bis dreimal, nun nehme ich nach allen Fingern nur die Daumen und massiere links und rechts neben der Halswirbelsäule in Richtung Schulter und Nacken, auch das wiederhole ich zwei- bis dreimal.

Nun ziehe ich mit den Unterarmen am Nackenrand nach unten, auch jeweils links und rechts der Wirbelsäule entlang, ziehe dann die Unterarme nach außen weg und streiche wieder mit geöffneten Fingern außen hoch in Richtung der Schultern.

Auch das wiederhole ich zwei- bis dreimal.

Im Nackenbereich versuche ich immer die Lymphgefäße miteinzubeziehen, damit der Lymphabfluss sowie die Energie wieder frei fließen kann.

Zum Beenden der „Rückenmassage" ziehe ich mit beiden Händen an den Armen in Richtung Hände, wobei eine Hand links und eine rechts von der Schulter aufliegt. Dabei stehe ich entweder am Kopfende oder knie davor und beende so die Rückenmassage.

Nun decke ich den Oberkörper bzw. den „Rücken" zu, damit der zu Massierende nicht friert. Das eine Bein, das nun nicht massiert wird, decke ich ebenfalls zu.

Auch hierfür benötige ich das etwas angewärmte Massageöl und gieße zuerst ein wenig in meine Handinnenfläche. Mit der Handinnenfläche verteile ich nun das Massageöl auf der Beinrückseite.

Beginnend mit der Massage am oberen Bein kann ich hier nun am linken Bein oder an der Hüfte enden. Dort führe ich mit der linken Hand etwas größere Kreisbewegungen durch, die rechte Hand liegt auf der Oberschenkelrückseite. Die Kreisbewegungen werden mit einer relativ flachen Hand ausgeführt, auch die Finger liegen eher dicht beieinander auf, damit die Massage insgesamt kräftiger und die Wirkung konzentrierter wird. Der Daumen der linken Hand zieht während der Kreisbewegung immer nach.

Jetzt besteht die Möglichkeit, da der Lymphfluss in Gang gesetzt wurde, sich an die Seite des Oberschenkels zu stellen oder zu knien. Hier benötige ich beide Hände, diese lege ich zuerst an die Oberschenkelinnenseite und beginne den Oberschenkel wie einen Kuchenteig im Wechsel zu kneten.

Das heißt, man zieht den Muskel mit gespreizten Fingern und der Handinnenfläche von unten nach oben und drückt ihn wieder mit dem Handballen nach unten, das geschieht mit beiden Händen abwechselnd.

Ich versuche es so großflächig wie möglich zu machen, damit der Massagegriff auch noch angenehm für den zu Massierenden ist!

Denn sonst besteht die Möglichkeit, dass es sich eher als Kneifen anfühlt oder zu fest ist. Bei Frauen sollte immer Rücksicht auf das weibliche Bindegewebe genommen werden. Das heißt, auch hier lieber einmal zu viel nachfragen, ob der Druck in Ordnung ist.

Nun nehme ich beide Hände, ich umschließe mit beiden Händen den Oberschenkel, indem eine Hand die Innenseite und die andere Hand die Außenseite des Oberschenkels umfasst, ich gleite nun mit relativ festem Druck jeweils an der Innen- und Außenseite des Beins in Richtung Fuß nach unten.

Die Finger sind dabei leicht gespreizt, aber der Druck ist immer konstant, bis ich das Fußende erreicht habe und hier über die Zehen alles nach außen wegstreiche.

Ich umfasse nun den Fuß und massiere mit beiden Daumen die Fußsohle. Dann hebe ich unten den Fuß mit einer Hand etwas an und massiere mit der anderen Hand die Fußaußenkante mit dem Daumen sowie den Fußballen und dann den gesamten Fuß mit Streichungen und leichten Dehnungen immer in Richtung Zehen und nach außen weg, damit die schlechte Energie sofort aus dem Körper abgeleitet wird.

Im Anschluss an die wohltuende Fußmassage gleite ich mit den Händen an die Wade, um dort die einzelnen Wadenmuskeln zu massieren und zu lockern.

Das funktioniert am besten ohne Daumen und mit nur vier Fingern oder aber nur mit dem Daumen, wobei ich immer ausstreichend in Richtung der Außenseite der Waden massiere.

Nun sollte das gesamte Bein wieder nach unten, aber diesmal von hinten in Richtung Füße ausgestrichen werden.

Im Anschluss daran decke ich den zu Massierenden auf, um ihm ein Signal zu geben, dass er sich auf den Rücken drehen kann, um die Vorderseite zu massieren.

Danach bedecke ich den zu Massierenden auch wieder mit einem Tuch an den Beinen und packe nun auch die Füße mit ein. Dann fange ich mit der Massage am Bauch an.

Dazu nehme ich das aufgewärmte Massageöl, gieße ein wenig in meine Hand und lasse dann das Öl aus meiner Hand auf den Bauch des zu Massierenden tröpfeln. Danach kreise ich immer mit leichtem Druck um den Bauchnabel.

Dafür halte ich die Finger gestreckt und wenn möglich ein wenig zusammengepresst, damit der Massageerfolg erhöht wird.

Diese Kreisbewegungen führe ich etwa zehnmal aus, nun stehe ich rechts vom Massageempfänger und konzentriere mich auf den linken Bauchrand. Dazu führe ich wieder wie zuvor leichte Knetungen zu meiner Körperseite hin durch.

Dabei komme ich auch „über den Bauchnabel" auf die rechte Körperhälfte.

Nun noch einmal führe ich dann die kreisenden Bewegungen durch, danach nehme ich meine rechte Hand und massiere mit leichtem Druck die Brustmuskelansätze zwischen der Brust.

Von unten nach oben bis zum Schultergelenk gehe ich wieder zum Kneten der Muskeln über, bis ich an den Brustmuskelansatz und am Brustmuskelrand ankomme.

Dies übe ich an beiden Seiten aus und bleibe dabei jedoch an einer Seite stehen.

Dies bietet einen tollen Übergang für die Armmassage, mit der ich dann oben fortfahre und die an den Fingern endet. Hier massiere ich zuerst das Schultergelenk mit dem gesamten Deltamuskel wieder mit vier Fingern ohne den Daumen.

Um eine tiefere und intensivere Massagewirkung für den Muskel zu erzielen, nehme ich nun noch den Daumen hinzu.

Im Anschluss daran gleite ich mit beiden Händen in gleicher Richtung den Arm entlang nach unten zur Hand und zu den Fingern.

Jetzt nehme ich den Arm in eine Hand und massiere mit der anderen Hand den Oberarm und den Unterarm durch leichtes Kneten.

Auch Daumenkreise führe ich an den Ober- und Unterarmen durch, die ein sehr intensives Massagegefühl hervorrufen.

Nun streiche ich wieder den gesamten Arm bis in die Fingerspitzen aus, denn nun möchte ich mich noch den Händen widmen.

Eine Handmassage wirkt sich sehr befreiend und entlastend aus. Ich nehme eine Hand und drehe sie so, dass die Handinnenfläche nach oben zeigt. Nun nehme ich die Hand mit meinen beiden Händen. Ich massiere entweder mit beiden Daumen abwechselnd die Handinnenfläche oder auch nur mit einem Daumen. Dann drehe ich die Hand um und massiere auch im Wechsel der Daumen den Handrücken. Zum Ausstreichen ziehe ich mit zwei Fingern an jeweils einem Finger an der Hand des zu Massierenden, beginnend mit dem Daumen, Zeigefinger, Mittelfinger, Ringfinger und dem kleinen Finger.

Danach massiere ich noch mit meinen Handballen dessen Handinnenfläche und streiche nun den gesamten Arm mit beiden Händen vom Oberarm nach unten bis zu den Fingern aus.

Nun gehe ich auf die gegenüberliegende Seite und massiere in der gleichen Abfolge den anderen Arm.

Danach decke ich den Oberkörper zu, sodass Arme und der Oberkörper warm eingepackt sind.

Im Anschluss an die Armmassage folgt nun die Vorderseite der Beine und Füße.

Auch hier decke ich nur ein Bein auf, das andere lasse ich mit einem Tuch und der Decke bedeckt.

Das vorgewärmte Öl gieße ich zuerst in meine Handinnenfläche und dann auf das Bein des zu Massierenden, nur so merkt man auch, ob das Öl zu warm oder zu kalt ist.

Ich beginne am Oberschenkel, bearbeite dann die Hüfte mit kreisenden Bewegungen der vier Finger, ohne den Daumen zu benutzen.

Mit dem Daumen übe ich im Anschluss mit etwas kräftigeren Kreisen leichten Druck an der Hüfte aus. Nun werden die Hände abwechselnd an der Oberschenkelvorderseite eingesetzt, darauf folgt kräftiges Kneten auch an der Oberschenkelinnenseite. Mit beiden Händen umfasse ich nun das Bein und streiche nach unten in Richtung der Füße alles aus.

Die Zehen werden einzeln nach außen massiert und nun gehe ich als Übergang zur Kniescheibe und massiere dort die Ansätze der Muskeln, damit auch hier der Lymphfluss wieder frei fließen kann.

Dadurch wird die Durchblutung in den einzelnen „Muskelgruppen" wieder verbessert und zugleich auch der Venenfluss.

Hierfür nehme ich meine Daumen, um effizienter an die einzelnen Stellen heranzukommen!

Auch leichtes Kneten an den Muskelansätzen ist möglich, um gleichzeitig einen Dehnungseffekt hervorzurufen!

Nach diesen Massagegriffen folgt wieder ein Ausstreichen des gesamten Beines nach unten.

Das Massieren der Füße und des Unterschenkels ist eine Wohltat für jeden Fuß.

Hierfür nehme ich wieder den Fuß in eine Hand und knete mit dem Handballen meiner anderen Hand erst die Fußsohle.

Danach fahre ich mit jedem einzelnen Zeh fort und beginne am großen Zeh bis hin zum kleinen Zeh. Dafür nehme ich den Daumen und den Zeigefinger und massiere von unten nach oben außen.

Das gesamte Bein wird dann von oben nach unten wieder ausgestrichen. Die Fußsohle sowie den Fußrücken massiere ich noch mit kräftigem Daumenkreisen, hierfür nehme ich einmal den rechten und dann den linken Daumen.

Mit kreisenden Daumen gehe ich vom Knöchel hoch am Rande des Schienbeines bis zum Knie, diesen Griff wiederhole ich zwei- bis dreimal, streiche wiederum den Unterschenkel nach unten in Richtung Fuß aus und danach noch einmal das gesamte Bein.

Danach decke ich das massierte Bein zu und widme mich dem anderen Bein, dort wird die gleiche Technik angewandt wie auf der gegenüberliegenden Seite.

Wenn ich diese Massageschritte an beiden Beinen beendet habe, massiere ich noch einmal mit der rechten Hand den rechten Fuß und mit der linken Hand den linken Fuß.

Nun lasse ich die Beine zugedeckt ruhen und gestalte den Übergang für das Gesicht und komme zur Gesichts-, Kopf- und Nackenmassage!

Dafür setze ich mich an das Kopfende und lege meine Hände unter den Hinterkopf des Massageempfängers, führe diese bis unter die Schultern und massiere dort die einzelnen Schultermuskeln nur mit den Fingerkuppen. Dann ziehe ich die Hände wieder unter den Kopf und massiere dort die rückwärtige Halsmuskulatur mit leichten Kreisbewegungen, dabei bleibe ich links und rechts von der Halswirbelsäule.

Nun massiere ich den Hinterkopf mit den Fingerkuppen und ziehe danach die Fingerkuppen am Hinterkopf nach oben zur Kopfdecke. Dort drehe ich meine Hände, damit die Fingerkuppen zum Haaransatz zeigen. Von dort aus massiere ich mit den Fingerkuppen zuerst den Haaransatz.

Nun ziehe ich die Haare von der Haarwurzel an leicht nach außen in Richtung Haarspitze wie auch die einzelnen Haare, dann gehe ich wieder über zu kreisenden Bewegungen an der Kopfhaut des gesamten Kopfes.

Als fließenden „Übergang" zum Gesicht ziehe ich nach den kreisenden Bewegungen die Haare wieder nach außen an die Haarspitze. Dann kann ich mit der Gesichtsmassage beginnen, wobei ich mir zuerst das Kinn mit einem kleinen Handwechselgriff vornehme. Hierfür sind die Hände leicht nach innen geneigt, damit man das Kinn gut umfassen kann.

Nun folgen kleine leichte Kreisbewegungen an den Wangen und an den Schläfen.

Mit einem kammartigen Griff meiner Hände durch die Haare beende ich diese leichte Gesichtsmassage.

Zum Schluss decke ich den Kunden mit einer Decke zu, um ihn ein paar Minuten die Massage nachspüren zu lassen.

Nach dieser Ruhezeit nimmt der Kunde noch die sitzende Haltung ein, um noch einmal eine Rückenmassage im Sitzen durchzuführen.

Die wohltuenden Gefühle nach einer sinnlich anregenden Massage sind für den Körper, den Geist, die Seele und die Sinne ein Erlebnis, wovon man noch tagelang zehrt.

Ich führe auch nach dem Ende einer jeden Massage mit meinen Händen eine nachhaltige Bewegung durch, ohne den Körper zu berühren.

Ich gleite ein paar Zentimeter vom Körper entfernt über den gesamten Körper mit beiden Händen vom Kopf bis zu den Füßen, um den Körper noch einmal nachhaltig zu reinigen.

Das verleiht dem Gegenüber ein wohliges und angenehmes Körpergefühl.

Wichtig ist, sich kontinuierlich nach dem Befinden des Kunden zu erkundigen, ich gebe den Kunden immer noch ein Glas Wasser, um den Kreislauf zu stabilisieren.

Auch sollte man den Kunden nach der Massage kurz beobachten, weil eine solch intensive Erfahrung den Kreislauf durchaus durcheinanderbringen kann. Man sollte die Sicherheit haben, dass der Kunde ohne Probleme seinen Heimweg antreten kann. Ansonsten bietet sich auch ein erneutes Ausruhen im Wartebereich an.

Nehmen sie ihre eigenen Hände als wärmendes Gold!
Anleitung für gestresste Menschen am Arbeitsplatz, nach der Arbeit, kurz im Auto, zuhause oder einfach so!

### Sind ihre Hände kalt?

- » Reiben sie ihre Hände 20 Sek. ganz kräftig zusammen (wie wenn ihnen kalt wäre)
- » schließen dann die Augen und legen nun eine Hand an die Stirne und die andere an ihr Kinn,
- » für ca 10 Sek. dabei lehnen sie sich zurück.
- » Sollten sie im Auto unterwegs sein, bitte suchen sie einen Parkplatz auf!
- » Nun reiben sie wieder für 20 Sek., ihre Hände ganz schnell zusammen, schließen dann die Augen und legen ihre Hände links und rechts neben den Augen an die Schläfen.
- » Auch wieder für 10 Sek.
- » Nun reiben sie ihre Hände wieder für 20 Sek. zusammen schließen danach ihre Augen wiederholt, sie legen nun ihre Hände mit der hohlen Hand auf ihre Augen auch für 10 Sek. danach sofort auf ihre Ohren auch mit der hohlen Hand!
- » Nun reiben sie erst mit der rechten Hand auf dem Scheitel am Kopf für 10 Sek., dann mit der linken Hand auch für 10 Sek., nun reiben sie beide Hände wieder zusammen für 10 Sek. und legen ihre Hände für einige Zeit solange es ihnen gut tut, auf ihre Brust, möglichst mit den Fingerspitzen aneinander.
- » Als Abschluss, schütteln sie beide Arme kräftig aus, streichen die Arme von den Schultern beginnend zu ihren Händen abwärts aus. Danach kreisen sie kurz die Schultern.
- » Ein sich zu lächeln verstärkt die goldenen Hangriffe ☺

## Sind ihre Hände warm?

- » Reiben sie ihre Hände nur 10 Sek. ganz kräftig zusammen.
- » Schließen dann die Augen und legen nun eine Hand an die Stirne und die andere an ihr Kinn,
- » für ca. 10 Sek. dabei lehnen sie sich zurück.
- » Sollten sie im Auto unterwegs sein, bitte einen Parkplatz aufsuchen.
- » Nun reiben sie wieder für 10 Sek. ihre Hände ganz schnell zusammen, schließen dann die Augen wieder und legen die rechte Hand auf die rechte Seite und die linke Hand auf die linke Seite neben den Augen an die Schläfen.
- » Auch wieder für 10 Sek.
- » Sie reiben nochmals ihre Hände für 10 Sek. zusammen, schließen ihre Augen und legen mit der hohlen Hand ihre Hände auf die Augen, auch für 10 Sek. danach sofort auf ihre Ohren, auch mit der hohlen Hand!
- » Dann reiben sie erst mit der rechten Hand auf dem Scheitel am Kopf für 10 Sek. dann mit der linken Hand auch für 10 Sek. nun reiben sie ihre Hände wieder zusammen auch für 10 Sek.
- » legen ihre Hände für einige Zeit, solange es ihnen gut tut, auf ihre Brust, möglichst mit den Fingerspitzen aneinander.
- » Als Abschluss schütteln sie beide Arme kräftig aus, streichen die Arme von den Schultern an abwärtsin Richtung Hände aus, danach kreisen sie kurz die Schultern.
- » Ein sich zulächeln verstärkt die goldenen Handgriffe ☺

## *Abschluss*

Nun möchte ich zum Abschluss noch erklären, warum ich dieses Buch „Das Gold der Massagehände" genannt habe.

Das Material, mit dem die Hände einer Masseurin arbeitet, ist das Wesentlichste für eine gute und effiziente Massage.

Nicht alleine die Technik und das Wissen sind entscheidend, sondern auch die Bereitschaft des Gebens und die Liebe zu den Menschen und Annahme eines Körpers, egal wie dieser Mensch ist. Nur dann gelingt eine Massage, weil sie einfühlsam und passend für den Einzelnen ist. Darin liegt das Geheimnis einer Heilung!

Körper und Mensch werden in dieser wertschätzenden Haltung als vollkommen angenommen, beides kann sich fallen lassen. In diesem Moment lösen sich Blockaden und die Heilung kann beginnen, die Muskeln entspannen sich, der Körper spürt das Angenommensein. Durch diesen Prozess wird der Körper wieder besser durchblutet, die inneren Organe werden besser versorgt, das Gehirn kann wieder besser arbeiten, da auch das Gehirn eine Zeit der Entlastung hatte.

Auch darf ich am Ende dieses Buches noch ein paar Zeilen über die Anstrengungen im Berufsalltag eines Masseurs schreiben.

Eine Massage durchzuführen ist für eine Frau eine körperlich äußerst anspruchsvolle Tätigkeit, die von den meisten weder gesehen noch entsprechend honoriert und entlohnt wird.

Stellen Sie sich einen Mann mit 1,90 cm Größe und einem Gewicht von 90 bis 100 kg oder mehr vor, wohingegen die Masseurin vielleicht 1,60 bis 1,68 cm groß ist und zwischen 51 bis 54 kg wiegt.

Alleine für das Hochheben eines Beins braucht sie immense Kraft, um dann noch eine gute Massage auszuüben, benötigt sie noch einmal mehr Kraft.

Vergleichbar ist dies, wie wenn ein Mann einen schweren Gegenstand hochhebt und diesen dann noch gleichzeitig zusammendrücken muss, um Kraft darauf auszuüben. Das ist für eine Frau Schwerstarbeit. Mich würde es speziell für meine Kollegen/innen und den Berufsstand allgemein freuen, wenn Sie dies bei ihrer nächsten Massagebehandlung sehen, spüren und anerkennen. Diese Wertschätzung braucht der Beruf sowohl im medizinischen als auch im Wellnessbereich.

Somit sorgen wir Frauen, die dem Massageberuf am häufigsten nachgehen, dass es Ihnen trotz großer Anstrengungen am Ende der Massagebehandlung gut geht und Sie entspannt den Weg der Heilung für sich finden und betreten können.

Nun wünsche ich allen Lesern entspannte Stunden auf dem Pfad der inneren und äußeren Gesundheit!

**Herzlichst, Ihre Ute Keil**

**novum** VERLAG FÜR NEUAUTOREN

# Bewerten
## Sie dieses Buch
### auf unserer
## Homepage!

www.novumverlag.com

# Die Autorin

Ute Keil wurde 1960 in Stuttgart-Degerloch geboren. Nach ihrer Schulzeit absolvierte sie eine Ausbildung zur medizinischen Masseurin und arbeitete anschließend in der Uniklinik Tübingen sowie in mehreren Praxen. Von 1991 bis 2008 wagte sie mit einer eigenen medizinischen Praxis den Schritt in die Selbstständigkeit, von 2008 bis 2017 führte sie ein Massage- und Wellnessunternehmen in Stuttgart-Mitte.
Ute Keil hat vier Kinder, zwei erwachsene Söhne und zwei erwachsene Töchter. In ihrer Freizeit sind schwimmen, laufen, spazieren gehen, einfach nichts tun, kochen und backen ein guter Ausgleich. Zum Schreiben kam sie durch eine zweimonatige Auszeit im Sommer 2014. „Das Gold der Massagehände" ist ihr erstes Buch.

**novum** VERLAG FÜR NEUAUTOREN

# Der Verlag

*Wer aufhört*
*besser zu werden,*
*hat aufgehört*
*gut zu sein!*

Basierend auf diesem Motto ist es dem novum Verlag ein Anliegen neue Manuskripte aufzuspüren, zu veröffentlichen und deren Autoren langfristig zu fördern. Mittlerweile gilt der 1997 gegründete und mehrfach prämierte Verlag als Spezialist für Neuautoren in Deutschland, Österreich und der Schweiz.

**Für jedes neue Manuskript wird innerhalb weniger Wochen eine kostenfreie, unverbindliche Lektorats-Prüfung erstellt.**

Weitere Informationen zum Verlag und seinen Büchern finden Sie im Internet unter:

www.novumverlag.com